Das Beste Aus
PRAG

FOTOGRAFISCHER BEGLEITER

© ROKA NAKLADATELSTVÍ, s.r.o.

Das Beste aus Prag
© **ROKA NAKLADATELSTVÍ, s.r.o.**
ROKA'S GUIDES 1996, 1998
deutsche fassung
zweite ausgabe, Prag 1998

konzept Vladimír Zálesky
redakteur Roman Kapr
sprachliche fassungen deutsche, englische, französische, holländische, italienische, russische, spanische, tschechische

text Roman Kapr
text auf der rückseite des umschlags Jan Koukal
fotografien Roman Maleček, Miroslav Krob und jr., Jan Reich, Dalibor Kusák, Antonín Srch, Libor Hajský, Roman Kapr, Vladimír Zálesky
übersetzung sicherte Překladatelský servis Skřivánek, s.r.o.
landkarte SHO-Cart, s.r.o.
karte ROKA

graphische gestaltung Roman Kapr
satz ROKA
skenieren und lithographie Leonardo, s.r.o.
druck und buchbinderbearbeitung ADUT, a.s.

anzahl der seiten 120
anzahl der fotografien 175

besondere bedankung Prague Tourist Center

distribution
ROKA DISTRIBUCE, s.r.o., Na Jezerce 14, CZ - Prag 4,
Tel. 00-420-603-465143

Alle Rechte vorbehalten. Kein Teil dieser Publikation darf ohne schriftliche Genehmigung des Eigentümers der Urheberrechte vervielfältigt, in der Datenbank aufbewahrt, sowie in keiner Form oder keinem Aufnahmemittel vervielfältigt werden.

Der Verleger bemühte sich um aktuellen Wert aller in dieser Publikation enthaltenen Informationen, und zwar zur Zeit des Druckes. Er übernimmt keine Verantwortung für die Folgen, die durch die Benutzung dieses Buches gegebenenfalls entstehen könnten.

ISBN 80-902000-1-X

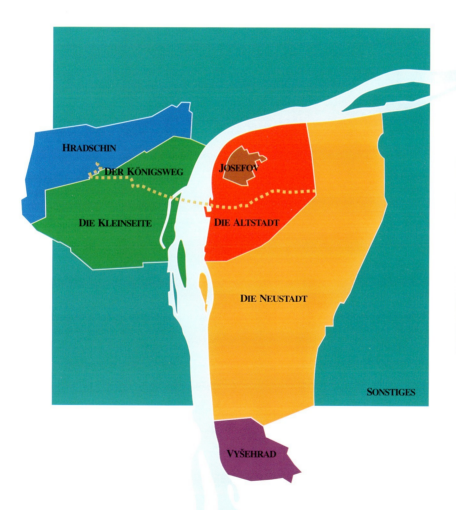

INHALT	seite
KARTE	3
VORWORT	5
DER KÖNIGSWEG	**6**
HRADSCHIN	**26**
DIE KLEINSEITE	**48**
JOSEFOV	**64**
DIE ALTSTADT	**74**
DIE NEUSTADT	**96**
VYŠEHRAD	**106**
SONSTIGES	**112**
LANDKARTE	120

6-25 | 26-47 | 48-63 | 64-73 | 74-95 | 96-105 | 106-111 | 112-119

Es kann schon mehrere Jahrhunderte behauptet werden, daß keine europäische binnenländische Stadt so viele prächtige Aussichten wie Prag gewährt. Bereits Aeneas Sylvius nannte es daher die "Perle der Städte" und Goethe hat gesagt, das es der wertvollste Stein in der Krone der Städte ist. Alex Humboldt räumte Prag der Schönheit nach die vierte Stelle unter den europäischen und die erste Stelle unter den binnenländischen Städten ein. Viollet-de-Luc, ein französischer Architekt und vorzüglicher Kenner der europäischen Architektur behauptete begeistert, daß Prag eine schöne, herrlich gebaute Stadt mit einem bisher vielfach mittelalterlichen Gepräge ist, gekrönt von einer Akropolis, die den Eindruck einer großartigen gotischen Burg erweckt, und er fügt hinzu, daß Prager Baudenkmäler in ihrem Inhaltsreichtum und ihrem besonderen aristokratischen Gepräge prangen, was aber nicht zum Nachteil des Malerischen gereicht. Auch zum Beispiel William Ritter, ein französischer Kritiker und Ästhetiker, schreibt über Prag, daß auf der gesamten Erdoberfläche kein prächtigeres Buch der Geschichte und Architektur aufgeschlagen ist.

In unserem fotografischen Führer haben wir uns bemüht, vieles von dieser unikaten Prager Architektur - der Architektur eines Jahrtausends - zu konzentrieren. Es gibt mehrere historische Zusammenhänge, warum sie gerade hier so völlig erhalten blieb und was die Triebkräfte in dieser Region waren. Versuchen wir uns diese tiefer anzuschauen, ich glaube, daß sie einer dramatischen Form sowohl in den umwälzenden als auch in den scheinbar steifen Zeiten nicht entbehren, da Böhmen für Europa einen Kampfplatz zwischen seinem östlichen und mittleren Teil darstellt. Es ist eine sehr passende Lage, manchmal hervorragend mit einer Fülle von Naturschätzen. Dabei haben die Naturbedingungen den Osten bevorzugt, erleichternd den Eingang aus dieser Richtung und verhindernd den Zugang von Westen. Damit erklärt sich wohl, warum von den drei großen Nationen, Kelten, Germanen und Slawen, die nacheinander in Böhmen gesiedelt haben, die Oberhand der östlichsten geblieben war, und auch das, daß diese das Schicksal der nördlicheren und südlicheren Slawen nicht geteilt hat. Daher sind die Tschechen von allen Slawen am westlichsten angesiedelt und mit ihrem kulturellen Leben als auch der Fähigkeit, sich zu verteidigen, haben sie die Berechtigkeit ihrer Positionen auf der Grenze zwischen West- und Osteuropa beweisen sollen. Die ursprüngliche Besiedlung ging von den Flüßen aus und entlang der Flüße und war zudem in den Berggebieten von der flachen Mitte unterschiedlich. Massenhafte, runde Dörfer, die aus einem einzigen Stammhof entstanden waren, das sind die slawischen Siedlungen. Verstreute Einzelbauten auf dem Lande, manchmal in einer langen Straße, sind die germanischen Siedlungen. Gerade die Deutschen, überwiegend am Rande von Böhmen, zeigten die Fähigkeit, Berggebiete zu besiedeln und zu bebauen. Dort, wo Bedürfnisse nach Schutz die Bevölkerung nicht in befestigte Städte getrieben haben, kann bis heute unterschieden werden, welche der Nationalitäten das Land besiedelt und den ursprünglichen Wald ausgerodet hat. Gerade die Vermischung dieser beiden Nationen in Böhmen hat eine kulturelle Atmosphäre geschaffen, von der aus Prag gewachsen ist, und all dies wurde mit der Arbeit der Italiener, Franzosen, Österreicher "gewürzt", die von den Herrscherhäusern eingeladen wurden. Das langjährige Zusammenleben mit dem "Reich, das über die Donau regierte", kann auch durch einen leichten Zugang zu Böhmen von dieser Seite - von Südosten - erklärt werden. Zahlreiche Ruinen weisen darauf hin, daß auch in der Geschichte Böhmens Zeiten ruhiger Entwicklung und Zeiten zerstörender Stürme einander folgten, die aber seit dem dreißigjährigen Krieg und mit Ausnahme des letzten Jahrhunderts in die kulturelle Entwicklung und daher auch in das Bauwesen und die Architektur nicht markanter eingegriffen haben. Ein Beweis dafür ist insbesondere das wohl durch Wunder nicht zerstörte historische Zentrum von Prag. Summarisieren wir alles mit einem Zitat aus dem Stichwort Böhmen aus dem 1893 herausgegebenen Otts Lexikon: "Vergleichende Geschichtsschreibung lehrt uns, daß auch ein Nationaldualismus, wie jeder andere, in den Naturgesetzen die Triebkraft eines unermüdlichen Fortgangs darstellt, zu dem der Einsatz von allen Kräften in dem tausendjährigen Kampf zwingt. Wenn Böhmen der Bildung und dem Reichtum nach höher als andere Länder steht, verdankt es dem alten Kampf sowohl zwischen zwei Meeren, als auch zwischen zwei Großnationen, deren Wellen in Böhmen aneinanderstoßen."

Der Führer wird in acht Teile aufgeteilt, Königsweg, Hradschin, Kleinseite, Josefov, Altstadt, Neustadt, Vyšehrad und Sonstiges, was bis auf Königsweg und Sonstiges historische Prager Städte sind. Die Teile werden farblich unterschieden und die fotografierten Denkmäler in diesen Teilen knüpfen geographisch so aneinander, daß sie eine Route bilden, der man folgen kann. Dieser Effekt wird durch die genaue Anschrift unterstützt, die ganz unten unter jeder Abbildung angegeben wird, und darüber wird das Denkmal beschrieben, gegebenenfalls interessante zusammenhängende Informationen angeführt, wo der Name in Fettdruck angegeben wird. Also, es verbleibt nichts anderes, als Ihnen viele angenehme Erlebnisse zu wünschen.

Roman Kapr

DER KÖNIGSWEG

Der Königsweg, auch Krönungsweg genannt, der auf der Prager Burg (Pražský hrad) am St.-Veits-Dom (chrám sv. Víta) endet, hatte seinen Anfang in der Altstadt an dem 1475 gegründeten Pulverturm (Prašná brána). Hier traten die Krönungszüge der böhmischen Könige in die Straße Celetná ein, eine der ältesten Straßen Prags, wo bereits in der romanischen Zeit eine wichtige Verbindung von Ostböhmen, insbesondere von Kutná Hora, zu dem Prager Marktplatz auf dem heutigen Altstädter Ring (Staroměstské náměstí), damals Großer Ring genannt, geführt hat. Weiter führt er durch den Kleinen Ring (Malé náměstí), die Karlssgasse (Karlova) und die Karlsbrücke (Karlův most) - ein Juwel des europäischen gotischen Bauwesens und der Barockbildhauerei, durch die Brückengasse (Mostecká), den Kleinseitner Ring (Malostranské náměstí) - das Zentrum der Kleinseite (Malá Strana) mit der Nikolauskirche (kostel sv. Mikuláše), durch die Neruda-Gasse (Nerudova) und den Hradschiner Platz (Hradčanské náměstí) zu der bereits erwähnten Prager Burg und dem St.-Veits-Dom auf dem III. Burghof.

Heute stellt deiser Weg eine meisterhafte Verbindung von Gotik, Rennaisance, Barock, Klassizismus, Jugendstil und Kubismus dar und hat auch im übertragenen Sinne Anspruch auf den Namen Königlich, da seine Trasse das kulturelle Reichtum Prags nicht nur kreuzt, sondern in erster Reihe imaginär verbindet.

Haus Zum goldenen Engel
[Praha 1, Staré Město, Celetná 29]

Haus Zur schwarzen Sonne
[Praha 1, Staré Město, Celetná 8]

Denkmal des Kaisers Karl IV.
[Praha 1, Staré Město, Křižovnické náměstí]

Standbild des hl. Johannes von Nepomuk
[Praha 1, Karlův most]

Haus Zu den drei kleinen Geigen
[Praha 1, Malá Strana, Nerudova 12]

Statuengruppe der Kämpfenden Giganten
[Praha 1, Hradčany, I. Burghof der Prager Burg]

das heutige Aussehen des **Pulverturms** stammt von 1875-86, wo er im pseudogot. Stil vollendet wurde. Pulverturm wird er seit dem Ende des 17. Jahrh. genannt, da er zu der Zeit als Schießpulverlager gedient hat
[Praha 1, Staré Město, Blick vom Gebäude der Tschechischen Nationalbank aus]

Celetná Straße, deren Name von „calty" - die von hiesigen Bäckern früher hergestellten geflochtenen Semmeln - abgeleitet wird
[Praha 1, Staré Město, gesehen vom Palais der Hrzáns aus Harasov - Celetná 12]

Altstädter Ring an der Mündung in die Celetná Straße mit den Häusern (von links) Zum weißen Einhorn, Sixt-Haus, Zur steinernen Jungfrau Maria, Zum steinernen Lämmchen, Zum steinernen Tisch
[Praha 1, Staré Město, Staroměstské náměstí 15, Celetná 2, Staroměstské nám. 16, 17, 18]

die einmalige **Altstädter astronomische Uhr**, errichtet bereits am Anfang des 15. Jahrhunderts durch den Uhrmacher Mikuláš aus Kadaň
[Praha 1, Staré město, Staroměstské náměstí 3]

Altstädter Rathaus, wo die böhmischen Stände zu der Zeit ihres Machtaufschwungs im Jahre 1458 den Georg von Podiebrad zum böhmischen König gewählt haben
[Praha 1, Staré Město, Staroměstské náměstí 3]

die frühbarocke Fassade des **Hauses Zum goldenen Brunnen**, mit Stuckreliefs mit den Pestheiligen
[Praha 1, Staré Město, Karlova 3]

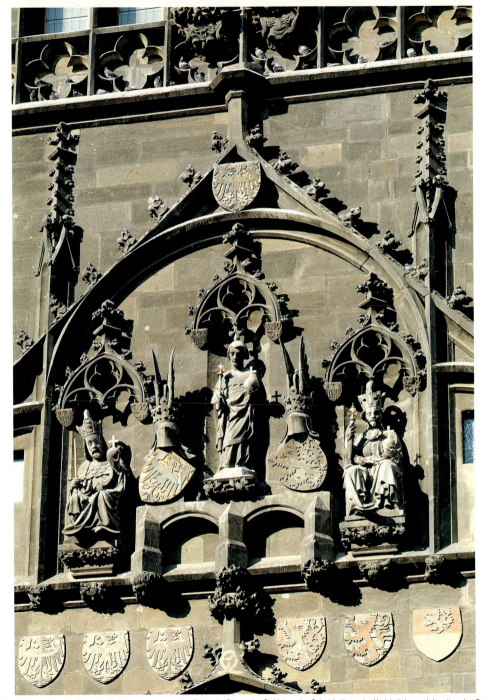

Detail der I. Etage des **Altstädter Brückenturms**, wo an den Seiten die Stauen des St. Veits - des Schutzheiligen der Karlsbrücke, und der sitzenden Gestalten von Karl IV. und Václav IV. sind
[Praha 1, Staré Město, Křižovnické náměstí]

der östliche Teil der **Karlsbrücke** mit dem frühbarocken Gebäude des ehemaligen Kreuzherrengeneralates und mit dem Altstädter Brückenturm, der auf dem ersten Pfeiler der Brücke steht
[Praha 1, Staré Město, Karlův most resp. Křižovnické náměstí]

Detail der **Statuengruppe der Madonna mit dem hl. Bernhard** von M. V. Jäckel aus dem Jahre 1709
[Praha 1, Karlův most]

Halbganzes der gleichen Statuengruppe, die auf Kosten des Osek-Abstes Ben. Littwerig geschaffen wurde

Statue des hl. Augustinus von J. B. Kohl von 1708
[Praha 1, Karlův most]

Karlsbrücke beim Sonnenaufgang mit einer Silhouette der Altstadt
[Praha 1, Karlův most]

die **Karlsbrücke** wurde 1357 gegründet ungefähr an Stelle der alten romanischen Judithbrücke (gebaut um 1170), die 1342 durch Hochwasser beschädigt wurde. Der Bau der Karlsbrücke, die 520m lang und 10m breit ist, wurde von Peter Parler geleitet. Ihre Vollendung ist nicht genau datiert, irgendwann am Anfang des 15. Jahrhunderts. Sie wurde zuerst Prager oder Steinern genannt, erst ab 1370 wird sie zu Ehren des Gründers der Brücke, des römischen Kaisers und böhmischen Königs Karl IV. Karlsbrücke genannt. Die Brücke wird an beiden Seiten von dreißig Statuen und Statuengruppen von Heiligen geschmückt, die hier schrittweise nach 1683 installiert wurden. Die Brücke als auch die Statuen (bis auf zwei) sind aus tschechischen Sandsteinen gemeißelt worden

[Praha 1, Karlsbrücke von Kampa aus]

zu jeder Tageszeit ein schöner Ausblick auf die **Karlsbrücke** und die **Prager Burg** von der öffentlich zugänglichen Galerie des Altstädter Brückenturms aus
[Praha 1, Karlův most, Malá Strana resp. Hradčany]

spätherbstliche Morgensonne über der **Karlsbrücke**
[Praha 1, Karlův most]

die gotichen **Kleinseitner Brückentürme** mit der Nikolauskirche, dem bedeutsamsten Bauwerk des Prager Barocks, im Hintergrund
[Praha 1, Karlův most resp. Malostranské náměstí]

Haus Zu den zwei Sonnen mit den dominanten frühbarocken Giebeln von 1673, wo seit 1845 der Dichter Jan Neruda gelebt hat, nach dem die Gasse genannt wird
[Praha 1, Malá Strana, Nerudova 47]

I. Burghof der Prager Burg gebildet durch in 1759 - 69 im Stil des italienisch-wiener Klassizismus gebaute Gebäude und mit dem Mattiastor in der Mitte
[Praha 1, Hradčany, Pražský hrad]

HRADSCHIN

Hradschin (Hradčany) wurde als dritte Prager Stadt am Anfang des 14. Jahrhunderts von königlichem Burggrafen Berka aus Dubé gegründet. Da existierte aber bereits die Prager, früher Königliche Burg, eine historisch-politische und kulturelle Dominante nicht nur Hradschins und Prags, sonder auch ganz Böhmens, deren Bedeutung jahrhundertelang ganz Mitteleuropa beeinflußte, gegründet um 880 nach Christus. Kurz danach haben die böhmischen Fürsten ihren Sitz von Levý Hradec hierher übertragen. Diese Wahl war für die Burg als auch für die künftige Stadt von schicksalhafter Bedeutung. Zu bedeutsamen Epochen in der Geschichte der Burg zählen die Regierungen des Karls IV. und später auch des Rudolfs II., wo die Burg Sitz des römischen Kaisers war, und daher bei den Umbauten ihre Residenzwichtigkeit zum Ausdruck gebracht wurde. Eine weitere bedeutsame Bauepoche war die 2. Hälfte des 18. Jahrhunderts, wo die Habsburger die Burg umfassend nach Plänen des Wiener Architekten Nicolo Pacassi umbauen ließen. Zu den Juwelen der Burgarchitektur zählen der gotische St.-Veits-Dom mit den dort aufgehobenen Krönungskleinodien und mit der Gruft der böhmischen Könige, der Alte Königspalast (Starý královský palác) mit dem Vladislav-Saal, die romanische Kirche und das ehemalige Kloster St. Georg (kostel sv. Jiří), der Spanische Saal (Španělský sál) im Flügel des II. Burghofs und weiteres, z.B. das Goldene Gäßchen (Zlatá ulička). Außer der Burg sind auch der Königsgarten (Královská zahrada) mit dem Königlichen Lustschloß (Královský letohrádek), der Loreto-Platz (Loretánské náměstí) mit dem Maria-Loreto, der Kirche der engelhaften Jungfrau Maria (kostel P. Marie Andělské) und dem Czernín-Palais (Černínský palác), und nicht zuletzt das Kloster Strahov (Strahovský klášter) mit seiner einmaligen Bibliothek.

Seit 1918 ist die Burg Sitz des Präsidenten der Tschechoslowakischen, heute der Tschechischen Republik.

die Burgwache
[Praha 1, Hradčany, I. Burgh. der Prager Burg]

Hauszeichen des barocken Hložek-Palais
[Praha 1, Hradčany, Kanovnická 4]

Drehorgelspieler
[Praha 1, Hradčany, Hradčanské náměstí]

südliche Stirnseite des Erzbischöflichen Palais
[Praha 1, Hradčany, Hradčanské náměstí 16]

gegossenes Bronzerelief über dem Tor des St.-Veits-Doms
[Praha 1, Hradčany, III. Burghof der Prager Burg]

tubus des Singenden Brunnens, Detail
[Praha 1, Hradčany, Královská zahrada]

klassischer Blick von der Karlsbrücke auf die **Prager Burg**
[Praha 1, Hradčany, Pražský hrad]

der **St.-Veits-Dom** und die **südliche Stirnseite des Alten Palastes** der Prager Burg vom Garten Na valech, der auch durch eine dekorative Stiege vom III. Burghof zugänglich ist
[Praha 1, Hradčany, zahrada Na valech]

ein romantischer Abend in der **Straße Nový svět** (Neue Welt), Hradschin-Vorstadt, früher das Viertel von weniger wohlhabenden Einwohnern, heute aber sehr malerisch mit bescheidenen Barockhäusern
[Praha 1, Hradčany, Nový Svět 19]

Maria-Loreto, eine Wallfahrtsstätte, genannt nach der Kopie der Loreto-Kapelle. In dem Turm befindet sich das berühmte Marienglockenspiel von dem Uhrmacher P. Neumann aus dem Jahre 1694
[Praha 1, Hradčany, Loretánské náměstí 7]

Panorama von Hradschin und Altstadt mit einem Wiederschein der Moldau. Im Vordergrund ist das bedeutende **Prämonstratenserkloster Strahov**, das bereits 1140 gegründet wurde
[Praha 1, Hradčany, Strahovské nádvoří 1]

der **Philosophische Saal** des Klosters mit einer Sammlung von barocken Bucheinbänden und dem Deckengemälde Geschichte der Menschheit von A. F. Maulbertsch, dem bedeutendsten Maler des Wiener Rokokos
[Praha 1, Hradčany, Strahovské nádvoří 1]

eine Luftaufnahme der **Prager Burg**, insbesondere des III. Burghofs, von Nordwesten. Hinter der Burg ist die Kleinseite mit der Kuppel der Nikolauskirche
[Praha 1, Hradčany, Pražský hrad resp. Malá Strana]

Juwel der europäischen Gotik, **St.-Veits-Dom**, wo die Krönungskleinodien des Böhmischen Königreichs aufbewahrt werden und wo die böhmischen Herrscher begraben liegen
[Praha 1, Hradčany, III. Burghof der Prager Burg]

Spanischer Saal, gebaut in 1602 bis 1606 unter der Regierung des Kaisers Rudolf II. Habsburg
[Praha 1, Hradčany, Nordflügel des II. Burghofs]

schlanke gotische Linien des Hauptschiffs des **St.-Veits-Doms**
[Praha 1, Hradčany, III. Burghof der Prager Burg]

Vladislav-Saal, der größte Profanraum des mittelalterlichen Prags mit 62m Länge, 16m Breite und 13m Höhe und auch der prächtigste Saal der mitteleuropäischen Spätgotig überhaupt. Heutzutage findet hier vor allem die Wahl des Präsidenten der Republik statt. Von der 1. Hälfte des 16. Jahrhunderts diente er zu großen Festen, es fanden hier auch Ritterturniere statt, es gab hier Sammelplätze während der Landtage und es gab hier auch Verkaufspulte der Hofkrämer
[Praha 1, Hradčany, Starý královský palác - Pražský hrad]

Alter Landtagssaal, Ort der Sitzungen des obersten Landgerichts und der Tagungen der Vertreter der böhmischen Stände bis zum Jahre 1847
[Praha 1, Hradčany, Starý královský palác - Pražský hrad]

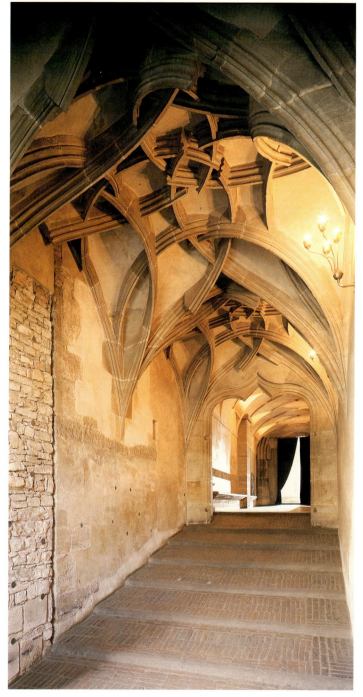

spätgotisches Rippengewölbe der **Reitertreppe**, die den Zugang in den Vladislav-Saal auch mit Pferden ermöglichte
[Praha 1, Hradčany, Starý královský palác - Pražský hrad]

Stirnseite der **Georgskirche**, die das meisterhaltene Denkmal der romanischen Zeit in Prag ist; die heutige Gestalt hat sie zu der Zeit der Äbstin Berta nach dem Brand der Burg von 1142 eingenommen
[Praha 1, Hradčany, náměstí U sv. Jiří]

ein beliebter Ort der Burg, das **Goldene Gäßchen**, mit bunt gestrichenen winzigen Häuschen. Das Gäßchen wird genannt nach den Goldschmieden des Rudolfs II., die hier lebten, so wie später auch der Franz Kafka

[Praha 1, Hradčany, Zlatá ulička]

Herbsstilleben in **Chotekpark**, der 1832 gegründet wurde
[Praha 1, Hradčany, Chotkovy sady]

ebenfalls **Chotekpark**. Zwischen den Bäumen ist das Königliche Lustschloß zu sehen
[Praha 1, Hradčany, Chotkovy sady]

Giardinetto mit dem Singenden Brunnen und dem **Königlichen Lustschloß**, der reinsten Renaissancearchitektur außerhalb italienischen Bodens, vollendet 1563
[Praha 1, Hradčany, Královská zahrada]

von der gleichen Zeit stammt der vor ihm stehende **Singende Brunnen**. Er wird genannt nach dem Ton, den die vom oberen auf das untere Becken des Brunnens fallenden Wassertropfen erzeugen
[Praha 1, Hradčany, Královská zahrada]

DIE KLEINSEITE

Die Kleinseite (Malá Strana), ursprünglich die Neue, später die Kleinere Prager Stadt, wurde 1257 von König Přemysl Otakar II. gegründet. Aber bereits im 8. Jahrhundert gab es hier eine Marktsiedlung. Nach der Gründung der Stadt traten an Stelle der ursprünglichen Ansiedler Kolonisten vorwiegend fremder Nationalitäten. Karl IV. Erweiterte die Kleinere Prager Stadt um weitere Grundstücke, aber die Stadt blieb auch wegen mehrerer großen Brände wirtschaftlich rückständiger und politisch von dem rechten Moldauufer abhängig. Ab dem 16. Jahrhundert begannen Feudale und kirchliche Orden allmählich sich hier niederzulassen, nach denen dieser Stadtteil seine heutige Gestalt bekam, und zwar nicht nur im architektonischen Sinne. Heute zeugen davon das Waldstein-Palais (Valdštejnský palác) mit Garten, die Nikolauskirche, die Palais Thun, Buquoy, Fürstenberg, Hartig, Kaiserstein, Kolowrat, Liechtenstein, Schönborn, Lobkowicz und viele andere, oft auch mehrere Palais einer Familie. Auch das ist ein der Gründe, warum dieses Viertel zum Sitz vieler Botschaften, aber auch des tschechischen Parlaments und auch der Regierung, die in den Gebäuden der ehemaligen sogenannten Straka--Akademie sitzt, wurde.

Es scheint, das die Kleinseite vom 15. Jahrh. bis heute von einem mysteriösen Geist durchdrungen wird, wohl wegen der damals zerstörten Chance zum Hauptviertel Prags zu werden, wohl wegen dem eingeengten Raum zwischen zwei Bergen und dem Fluß, es kann aber auch der Geist der Diplomatie sein, die hier wohl in jedem dritten Haus ausgeübt wurde und wird. Sei es dies oder jenes, dieses Viertel wird dadurch mit seinem eigenart. und fortan völlig bewußten Charakter erfüllt.

Aussicht von dem Aussichtsturm auf dem Laurenziberg
[Praha 1, Malá Strana, Petřín]

Laurenziberg-Aussichtsturm, gebaut 1891
[Praha 1, Malá Strana, Petřínská rozhledna]

Haus Zum blauen Fuchs
[Praha 1, Malá Strana, Na Kampě 1]

Pestsäule von 1715
[Praha 1, Malá Strana, Malostranské náměstí]

Hauszeichen des Hauses Zum goldenen Becher
[Praha 1, Malá Strana, Nerudova 16]

eine Kopie der Plastik von Antonín Braun
[Praha 1, Malá Strana, Klárov]

Aussicht von der **Schloßstiege**, die 1674 auf den mittealterlichen Mauern der Befestigung der Prager Burg erbaut wurde. Die Nischen links wurden ursprünglich für Lädchen, später für Skulpturen bestimmt
[Praha 1, Malá Strana, Zámecké schody]

das Areal des **Waldstein-Palais** aus der Zeit des Frühbarocks, erbaut an Stelle von 23 Häusern, einem Ziegelwerk und drei Gärten des kaiserlichen Generalissimus Albrecht von Waldstein
[Praha 1, Malá Strana, Valdštejnské náměstí 4]

Palais-Garten vorne mit einer monumentalen Sala terrena von 1627, wo unter anderem 1853 Schillers Waldstein gespielt wurde. Vor der Sala terrena ist ein Giardinetto mit einem Bronzespringbrunnen von 1630 und einem Abguß der Originalstatue der Venus mit Amor von B. Wurzelbauer von 1599. Im Vordergrund sind Abgüsse der Originalbronzeplastiken antischer Götter und Pferden, die 1626 bis 1627 vom Bildhauer Adrian de Vries durchgeführt wurden. Die Originale dieser Plastiken sind seit 1648 im Schloß Drootningholm in Schweden, wohin sie als Kriegsbeute von den Schweden gebracht wurden. Über der Sala terrena ragen die Türme des St.-Viets-Doms hervor
[Praha 1, Malá Strana, Valdštejnské náměstí 4]

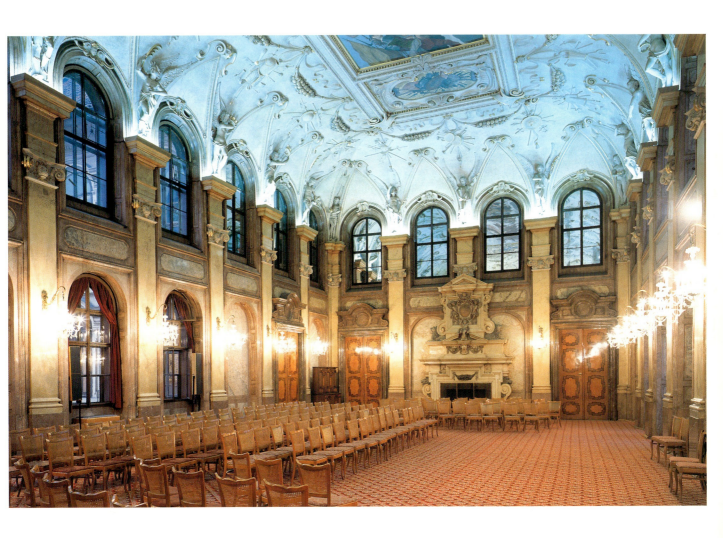

der Hauptsaal des Waldstein-Palais in dessen Stirnflügel, genannt **Ritterlich**, mit Stuckgewölbe und Figuren der Genies, militärischen Emblemen und einem Deckengemälde des Albrechts als Kriegsgott Mars
[Praha 1, Malá Strana, Valdštejnské náměstí 4]

Links die Ecke des Kleinseitner Rings mit dem historisch bedeutsamsten Kleinseitner Gebäude, dem ehemaligen Rathaus. Heute sogenannte **Kleinseitner Gesellschaftshaus**
[Praha 1, Malá Strana, Malostranská beseda - Malostranské náměstí 21]

Raum des Hauptschiffs der **Nikolauskirche** mit einem System sich schneidenden Ellipsoiden ist das prunkvollste Beispiel der Pompe des Hochbarocks in Prag
[Praha 1, Malá Strana, Malostranské náměstí]

Stirnseite der **Nikolauskirche**, die 1710 im Stil des sogenannten Illusivbarocks römischer Richtung vollendet wurde. Die Kirche bildet die südliche Seite des ehemaligen Jesuitenkollegiums
[Praha 1, Malá Strana, Malostranské náměstí]

Vojan-Park, früher Garten des Klosters der Unbeschuhten Karmeliterinnen, der um 1670 errichtet wurde; der Klosterursprung wird von zwei Kapellen belegt
[Praha 1, Malá Strana, U lužického semináře 17]

die Brücke über **Čertovka** (Teufelsbach), ein Moldauarm, der die Insel Kampa von der Kleinseite trennt
[Praha 1, Malá Strana, Kampa]

die **Großprioratsmühle**, die hier bereits seit 1400 steht, ist der einzige unbeschädigte Beleg der alten Prager Mühlen
[Praha 1, Malá Strana, Velkopřevorské náměstí 6]

die Stirnwand des **Klosters des Malteser-Ritterordens**, der Johanniter, gegründet 1158 durch den Kanzler Gervasius mit Unterstützung des Königs Vladislav I. als die erste böhmische Institution des Ordens
[Praha 1, Malá Strana, Velkopřevorské náměstí 4]

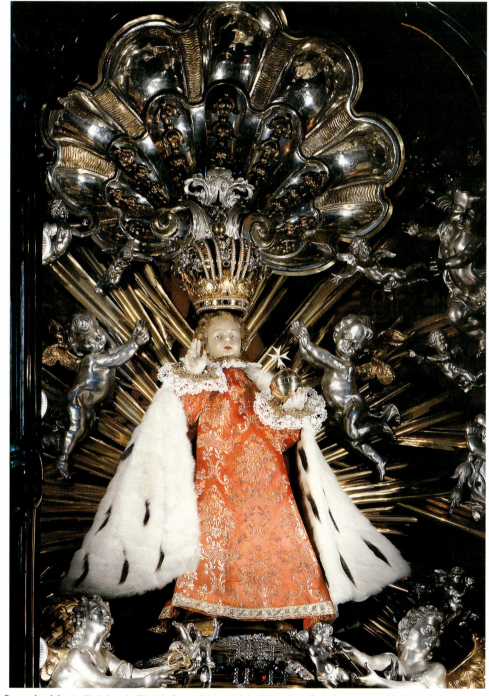

das weltberühmte **Liebliche Prager Jesulein**, eine Wachsfigur, der Wunderkraft zugeschrieben wird, die 1628 der Kirche Santa Maria de Victoria (die Heilige Muttergottes von Siege) geschenkt wurde
[Praha 1, Malá Strana, Karmelitská ulice]

das **Kleinseitner Tal** unter der Prager Burg vom herbstlichen Strahov-Garten aus
[Praha 1, Malá Strana, Strahovská zahrada]

im Vordergrund die Kuppel und ein Teil der Stirnwand der **Nikolauskirche** in einem abendlichen Blick von der Terrasse vor der Prager Burg aus
[Praha 1, Malá Strana, von der Terrasse am Hradschin-Platz aus]

JOSEFOV

Josefov, früher die Jüdische Stadt, ist aus einer Ansiedlung von jüdischen Händlern und Geldwechslern entstanden, die an die uralte Moldaufurth am nördlichen Ende der sogenannten Slawischen Hochwasserinsel angrenzte, die sich von Stellen auf dem Niveau des heutigen Nationaltheaters (Národní divadlo) bis zu der Karpfengasse (Kaprova) im ursprünglichen Moldaubett erstreckte. Wegen dem mittelalterlichen Antisemitismus hatte die Stadt feste Grenzen, bis 1848 abgeschlossen mit sieben Toren. Sie hatte auch eine eigene Selbstverwaltung, wobei die Juden direkte Untertanen des Herrschers waren. Das Leben in der Stadt war für die Mehrheit der Juden sehr schwierig, allein aus dem Grunde der Unmöglichkeit, die Bebauung zu erweitern, und wegen mehrerer Verbannungen aus Böhmen. Erst der Kaiser Josef II., nach dem die Jüdische Stadt heute genannt wird, hat mit seinen Religionsreformen in der zweiten Hälfte des 18. Jahrhunderts diese Stadt in der Stadt gleichgestellt. Am Anfang des 20. Jahrhunderts wurde die Altbausubstanz assaniert, und dadurch ist Josefov mit der umgebenden Altstadt völlig verschmolzen. Es blieben aber so beachtenswerte Denkmäler wie der Alte jüdische Friedhof und die Altneu-, Pinkas-, Maisel-, Klausen- oder Spanischen Synagogen erhalten.

Die Jüdische Stadt gibt Prag ein weiteres Ausmaß, aus dem zum Beispiel Namen wie Marek Mordechaj Mayzl, Primas, Jakub Bassevi, Händler, Jehuda Löw Ben Bezalel - der berühmte Rabbi Löw, oder Franz Kafka, Schriftsteller, hervortreten. Es bringt unbestritten seine kulturelle Fülle zum Ausdruck, und zwar gehe es um Handel, Wissenschaft und Künste oder um die Lebensart.

Hauszeichen auf dem Jüdischen Rathaus
[Praha 1, Josefov, Maiselova 18]

Stirnwand der Maisel-Synagoge
[Praha 1, Josefov, Maiselova 10]

Porzelanplastik Frau mit den Karpfen
[Praha 1, Josefov, Žatecká 8]

hebräische Tafel auf der Altneusynagoge
[Praha 1, Josefov, Červená 2]

Plastik eines Mannes
[Praha 1, Josefov, Maiselova 15]

Franz-Kafka-Gedenktafel
[Praha 1, Staré Město, U radnice 5]

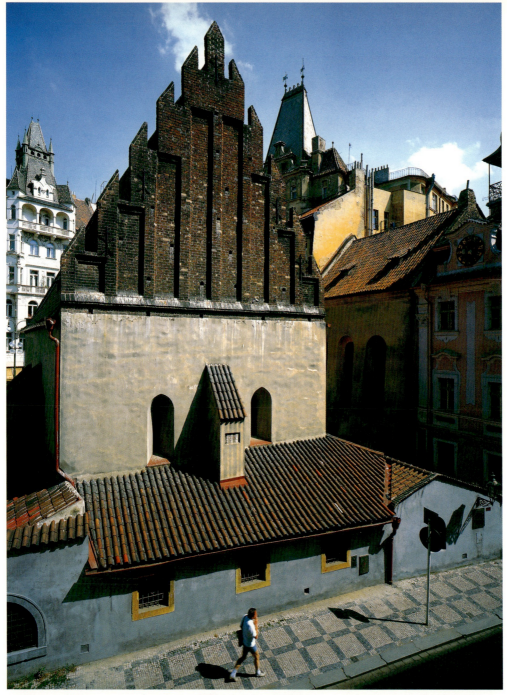

die frühgotische **Altneusynagoge** aus der Zeit um 1280 von Westen aus, mit einem Ziegelgiebel aus dem 14. Jahrhundert und einem Anbau von 1732
[Praha 1, Josefov, Červená 2]

das **Jüdische Rathaus**, heutzutage Sitz der Jüdischen Kultusgemeinde, mit einem Türmchen und einer Uhr mit hebräischen Ziffern
[Praha 1, Josefov, Maiselova 18]

am Eingang des Alten jüdischen Friedhofs ist eine kleine pseudoromanische Burg, ein in 1906 gebautes Gebäude, heutzutage die **Zeremonienhalle der Grabgemeinschaft**
[Praha 1, Josefov, U starého hřbitova 3a]

Grabsteine des **Alten jüdischen Friedhofs**, einer der denkwürdigsten jüdischen Grabstätten in der Welt. Diese Sehenswürdigkeit vom alten Prag ist durch eine allmähliche Erweiterung des in der 1. Hälfte des 15. Jahrhunderts als Ersatz für die ursprüngliche Grabstätte gegründeten Friedhofs entstanden. Der ursprüngliche Friedhof befand sich außerhalb der Stadt, dort, wo heute die Vladislavova-Straße ist. Der jüdische Friedhof nimmt eine unregelmäßige Fläche ein und auf dieser Fläche sind mehr als 20 000 Grabsteine - Tumben aus der Zeit von 1439 bis 1787, wo hier die letzten Bestattungen stattfanden, verstreut
[Praha 1, Josefov, Eingang von der Straße U starého hřbitova oder von der Pinkas-Synagoge]

die Mehrheit der interessantesten und künstlerisch wertvollsten Grabsteine des **Alten jüdischen Friedhofs** stammt aus dem 17. Jahrhundert. Auf den Grabsteinen sind sehr oft Symbole ausgemeißelt, die die Zugehörigkeit zu einer bestimmten Familie, z.B. Hände - Familie Kohen, eine Kanne - Familie Kohejn, ein Löwe - Familie Levi, usw. oder ein Handwerk, z.B. eine Schere - Schneider, ein Mörser - Apotheker, eine Pinzette - Arzt, usw. bezeichnen

[Praha 1, Josefov, Starý židovský hřbitov]

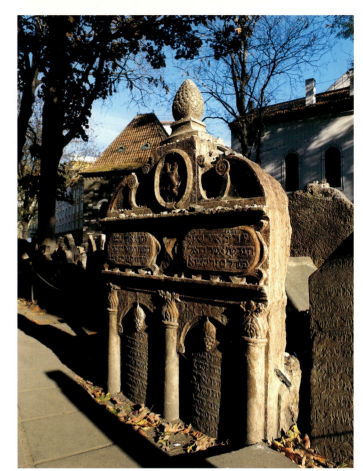

unten - die **Tumba David Oppenheims** (†1736), oben - die **Tumba des Rabbis Jehuda Löw Ben Bezalel** (†1609)
[Praha 1, Josefov, Starý židovský hřbitov]

das jüdische koscher **Restaurant Šalom**
[Praha 1, Josefov, Maiselova 18]

zusammenhängende Reihen von eklektischen als auch sezessionist. Repräsentationsmiethäusern der **Pariser Str.**, die das frühere Judenghetto, heutzutage den Stadteil Josefov kreuzt, mit einem Panorama Prags
[Praha 1, Josefov, Pařížská třída, Blick von Letná-Park]

DIE ALTSTADT

Die Altstadt (Staré Město), ihre Bildung, wurde nach 1230 durch Befestigung des Stadtareals vollendet, wo es bereits seit zwei bis drei Jahrhunderten den Prager Hauptmarkt umschließende Ansiedlungen von Händlern romanischer Herkunft, von Deutschen und Juden gab. Die Vollendung dieser Bemühungen war die rechtliche Vereinigung am Ende des 13. Jahrhunderts. Damal gehörte die als Größere bezeichnete Stadt ihrer Größe und wirtschaftlicher Reife nach zu den größten in Europa. Nach Gründung der Neustadt, die die Altstadt wortwörtlich umrang, kam es zu einem allmählichen Abbau ihrer wirtschaftlichen, aber auch politischen Überlegenheit den sonstigen Prager Städten gegenüber. Dieser war aber so allmählich und die Tradition so fest, daß noch 1784 bei der Vereinigung von Prag das Altstädter Rathaus zum Sitz der Verwaltung von ganz Prag wurde. Bis heute werden die Altstadt für das natürliche Zentrum Prags und der Altstädter Ring (Staroměstské náměstí) für das Zentrum der Stadt gehalten.

Was aber früher einschränkend war, die Unmöglichkeit der Altstädter Einwohner baumäßig zu expandieren, zeigt sich heute aus architektonischer Sicht als Geschenk von unermeßlichem Wert, was von Denkmälern wie die Altstädter astronomische Uhr (Staroměstský orloj), die Teynkirche (kostel P. Marie před Týnem), der Pulverturm (Prašná brána), die Betlehemskapelle (Betlémská kaple) aber vor allem die einmalig erhaltene mittelalterliche Bausubstanz der ganzen Altstadt belegt wird.

Haus Zur goldenen Krone
[Praha 1, Staré Město, Malé náměstí 15]

Golz-Kinský-Palais
[Praha 1, Staré Město, Staroměstské náměstí 11, 12]

Haus Zur steinernen Jungfrau Maria
[Praha 1, Staré Město, Staroměstské náměstí 16]

Wappen der Altstadt
[Praha 1, Staré Město, Staroměstské náměstí 6]

neobarocke Fassade des Hauses Zur Krone
[Praha 1, Staré Město, Malé náměstí 13]

Detail der Altstädter astronomischen Uhr
[Praha 1, Staré Město, Staroměstské náměstí 3]

die kugelförmige Kuppel der **Kirche St. Franziskus Seraphicus** und der **Altstädter Brückenturm**, zwei der Dominanten des östlichen Endes der Karlsbrücke
[Praha 1, Staré Město, Křižovnické náměstí bzw. Karlův most]

Prager Burg von der Treppe des **Rudolfinum** aus, das in den Jahren 1876 - 84 auf Kosten der Tschechischen Sparkasse erbaut wurde
[Praha 1, Staré Město, náměstí Jana Palacha 1]

in dem Gebäude des **Rudolfinum**, das im Neorenaissancestil gebaut und für eine Gemäldegal., ein Museum und ein Konservatorium bestimmt wurde, hat heutzutage unter anderem die Tsch. Philharmonie ihren Sitz
[Praha 1, Staré Město, náměstí Jana Palacha 1]

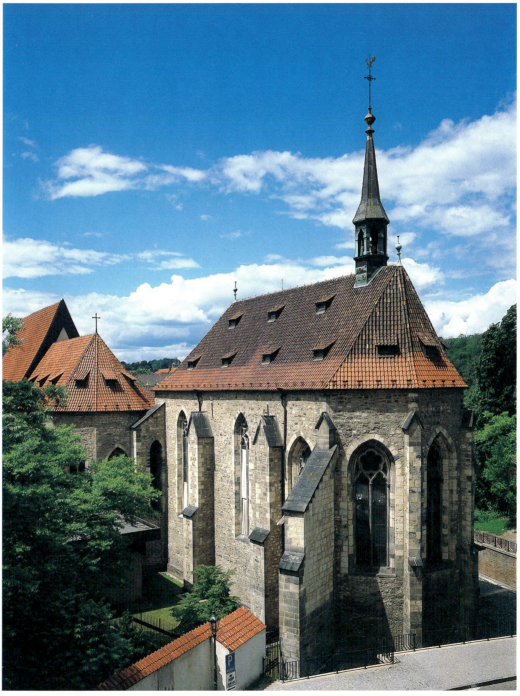

frühgotisches Schiff der Salvatorkirche im Komplex des **Agnesklosters**. Im Kloster ist auch eine ständige Gemäldeausstellung der Nationalgalerie
[Praha 1, Staré Město, Anežská 12]

das **Ufer Na Františku**, vor dem die Moldau von einem präzisen Jugendstilbau - der Svatopluch-Čech-Brücke gekreuzt wird
[Praha 1, Staré Město, nábřeží Na Františku]

so kann man die Prager Burg von der Terrasse des **Hotels President** aus sehen
[Praha 1, Staré Město, náměstí Curieových 100]

der **Pulverturm** und das im Jugendstil gebaute **Repräsentationshaus**, errichtet 1905 – 11, wo unter anderem am 28.10.1918 die Unabhängigkeit der Tschechoslowakischen Republik erklärt wurde
[Praha 1, Staré Město, náměstí Republiky 5]

ursprünglich Nostic-Theater, ab 1799 **Ständetheater**, wo 1787 die Welturaufführung der Oper Don Giovanni von W. A. Mozart stattfand
[Praha 1, Staré Město, Železná 11]

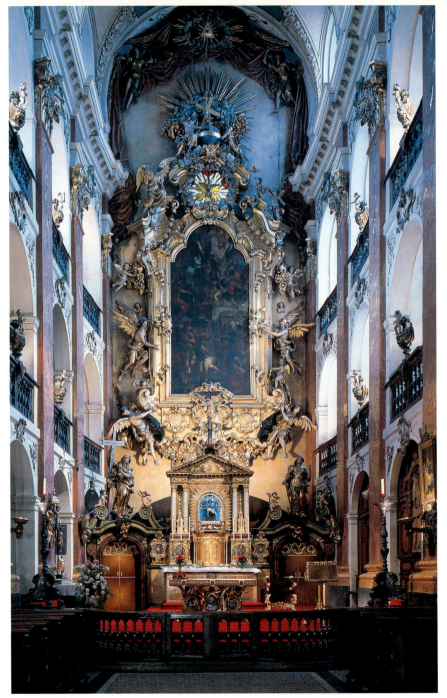

heutzutage barockes Interieur der **St.-Jakob-Kirche**, des ehemaligen Minoritenklosters, das 1232 vom Václav I. als gotisch gegründet wurde, was die Disposition des Domschiffs belegt

[Praha 1, Staré Město, Malá Štupartská 6]

das Interieur der **Nikolauskirche** mit einem Kronenleuchter, einer Spende der russischen orthodoxen Kirche, der am Ende des 19. Jahrhunderts in den Glaswerken von Harrachov aus Kristallglas angefertigt wurde
[Praha 1, Staré Město, Staroměstské náměstí]

dieselbe **Nikolauskirche** und ihre edlen Barocklinien von K. I. Dienzenhofer, gebaut auf Kosten des Benediktinerabstes Anselm Vlach
[Praha 1, Staré Město, Staroměstské náměstí]

ein panoramatischer Blick auf die östliche, von der Sommersonne bestrahlte Seite des Altstädter Rings, wo die **Teynkirche** hervorragt, und zwar über die ganze Prager Altstadt. Diese in der Mitte des 14. Jahrhunderts gegründete Kirche wurde nach den Hussitenstürmen zum Zentrum der Prager Utraquisten, und daher war sie zu der Zeit eigentlich die einzige Kirche mit einer größeren baulichen Pflege. Nach vergeblichen Bemühungen, den böhmischen Utraquismus zu legalisieren, nahm die Wichtigkeit der Kirche ab. Das Innere der Kirche erweckt ein Interesse insbesondere durch das Reichtum der frühbarocken Altäre und als Sehenswürdigkeit ist hier die Grabplatte des Astronomen auf dem Hof des Rudolfs II., des dänischen Emigranten Tycho de Brahe, der hier bestattet wurde

[Praha 1, Staré Město, Staroměstské náměstí]

oben - das barocke **Golz-Kinský-Palais** mit Rokokostukkatur und das gotische altbürgerliche **Haus Zur steinernen Glocke**. Unten - hochbarockes Eckhaus genannt **Zum Einhorn** oder Weißes Rößlein

[Praha 1, Staré Město, Staroměstské náměstí 11-12, 13, 20]

unten - die **Nikolauskirche** vom Dach eines Hauses in der Platnéřská Straße aus. Oben - dominante Stirnwand mit den Türmen der **Teynkirche**
[Praha 1, Staré Město, Staroměstské náměstí]

links ist der Turm und der Rest des **Altstädter Rathauses**, das bis zum Brand in Mai 1945 die ganze westliche Seite des Rings abschloß
[Praha 1, Staré Město, Staroměstské náměstí 3]

Altstädter astronomische Uhr, vervollkommnet am Ende des 15. Jahrhunderts durch den Magister Hanuš, genannt Růže, und bis zu den heutigen Zeiten oft renoviert
[Praha 1, Staré Město, Staroměstské náměstí 3]

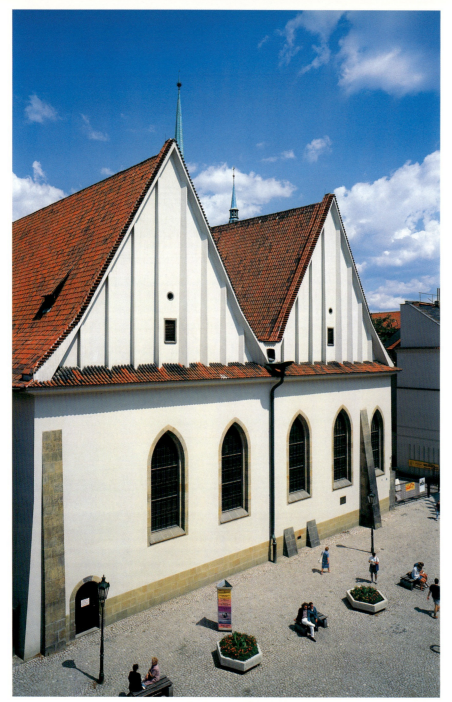

die **Betlehemskapelle** wurde 1391 von zwei Prager Patrizier, Krämer Kříž und Hanuš aus Mühlheim für tschechische Predigten gegründet. Es ist der Ort, wo der Priester Jan Hus gewirkt hat
[Praha 1, Staré Město, Betlémské náměstí 5]

ein der drei Räume des romanischen Souterrains des Hauses, das zu dem ehemaligen **Gehöft der Herren aus Kunštát** gehört
[Praha 1, Staré Město, Řetězová 3]

der Barocksaal der ehemaligen Jesuitenbibliothek im **Klementinum**, das nach der Burg den zweitgrößten Gebäudekomplex in Prag darstellt. In der Bibliothek gibt es mehr als fünf Millionen Bücher
[Praha 1, Staré Město, Křižovnické náměstí 4]

Blick auf die Prager Burg, die Karlsbrücke und ein **Häuserblock in Novotného lávka** mit ehemaligen Mühlen und dem Wasserturm der Altstadt
[Praha 1, Staré Město, Aussicht vom Smetana-Ufer]

DIE NEUSTADT

Die Neustadt (Nové Město) wurde 1348 vom Kaiser Karl IV. gegründet. Es war die umfangreichste urbanistische Tat des Kaisers in Prag und einmalig in der Welt. Er vereinigte darin alle hieseigen romanischen Siedlungen von Těšnov bis zum Vyšehrad und schuf die Grundlagen für Regulierung der neuen Bebauung, die unverändert bis heute gelten. Zum öffentlichen Hauptplatz wurde der Karlsplatz (Karlovo náměstí) bestimmt, der mit seinem westlichen Rand an den uralten Weg von Vyšehrad zur Prager Burg angrenzte. Bis zu den Hussitenkriegen fand hier alljährlich eine Wallfahrt von europäischer Bedeutung statt, das sogenannte Weisen von Sakramenten, Krönungskleinodien des Reichs und Reliquien. Auch deswegen wurde dieser Platz in einer so weiträumigen Ausdehnung geplant. Im Laufe der Zeit gewann aber das Gebiet um Můstek an wirtschaftlicher Überlegenheit, der heutige untere Teil des Wenzelsplatzes (Václavské náměstí), des größten und bedeutendsten Prager Boulevards mit einer wichtigen kommerziellen, gesellschaftlichen und politischen Tragweite.

Die Motivierungen der Gründung der Neustadt waren sicherlich kommerziell als auch politisch. In den ersten Jahrhunderten scheint aber dieses Projekt wirtschaftlich schwach zu sein, und die Ursache kann zum Beispiel in den Hussitenunruhen liegen, die unter anderem in der Neustadt ihren Anfang nahmen. Heute aber ist die Neustadt ein sehr kultiviertes Gebiet, das die scharfen Ideen der Gründer völlig verwertet.

Plastik vor dem Gebäude der Kommerzbank
[Praha 1, Nové Město, Spálená 51]

sehenswürdiges Jugendstilhaus des Vereins Hlahol
[Praha 1, Nové Město, Masarykovo nábřeží 16]

neobarocke Stirnwand
[Praha 2, Nové Město, Masarykovo nábřeží 2]

Standbild des hl. Johannes von Nepomuk
[Praha 1, Nové Město, Jindřišská ulice]

František-Palacký-Denkmal, ein Detail
[Praha 2, Nové Město, Palackého náměstí]

Portal des Nationaltheaters mit den Statuen Schauspiel und Oper
[Praha 1, Nové Město, vom Masaryk-Ufer]

die tschechische Hauptszene des Schauspiels, das **Nationaltheater**, wurde 1868 - 81 aus Spenden der Bevölkerung im Spätrenaissancestil durch den Architekten Zítek gebaut
[Praha 1, Nové Město, Národní třída 2]

1000+1 Blick auf die Prager Burg. Hier von dem **Štítkovský-Wasserturm** und dem konstruktivistichen Gebäude **Mánes** aus, das als Ausstellungssaal und Restaurant dient
[Praha 1, Nové Město, Masarykovo nábřeží 1]

die **Straße Na příkopě**, die dort verläuft, wo es im Mittelalter die Befestigung und einen die Altstadt schützenden Graben gab. Diese Straße ist 1760 durch Zuschüttung des erwähnten Grabens entstanden
[Praha 1, Nové Město, Blick von Můstek - dem unteren Ende des Wenzelsplatzes aus]

die **Hotels Ambassador**, mit der berühmten Bar Alhambra, und **Zlatá husa** (Goldene Gans), die 1912 gebaut bzw. modernisiert wurden
[Praha 1, Nové Město, Václavské náměstí 5, 7]

das Musiksalon des **Kounický-Palais** mit Szenen aus den Nibelungenmythen auf den Wänden
[Praha 1, Nové Město, Panská 7]

Pantheon des **Nationalmuseums**, gewidmet den wichtigen Persönlichkeiten der tschechischen Nation, wo z.B. vier Wandgemälde bedeutsame Ereignisse der tschechischen Geschichte darstellen
[Praha 1, Nové Město, Václavské náměstí 68]

die abendliche Beleuchtung des Gebäudes des Nationalmuseums, das an dem oberen Ende den **Wenzelsplatz** abschließt, den einstmaligen Roßmarkt, heutzutage den größten und lebhaftesten Boulevard Prags
[Praha 1, Nové Město, Václavské náměstí]

Bronzereiterstandbild von J. V. Myslbek, **Denkmal des hl. Wenzel**, des Schutzheiligen des Landes, das hier nach Peripetien vieler Ausschreibungen 1913 installiert wurde
[Praha 1, Nové Město, der obere Teil des Wenzelsplatzes]

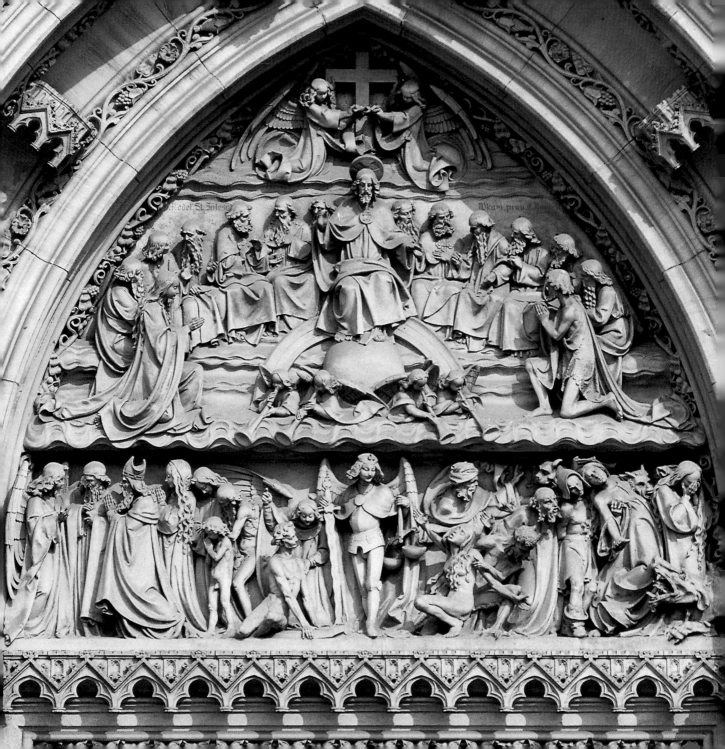

VYŠEHRAD

Vyšehrad wurde im Laufe des 10. Jahrhunderts gegründet, zweifellos später als die Prager Burg und ist ihr auch jahrhundertelang untergeordnet geblieben. Wohl nur außer 1061 - 1092, wo Vyšehrad die Residenz war, ursprünglich des Fürsten, dann des ersten böhmischen Königs Vratislav II., der die Burg in eine Steinburg umbauen ließ und die hiesige Domkapitel errichtete. Seine Bedeutung sank dann, bis Karl IV. Vyšehrad im Zusammenhang mit der neu gebauten Befestigung von ganz Prag zu einer Steinfestung umbauen ließ. Doch, wie anderswo in Böhmen, griff in das Leben der Burg die Hussitenepoche negativ ein, wo die Burg belagert, ausgeraubt, und teilweise zerstört wurde. Abermals im Zusammenhang mit Befestigung von ganz Prag wurden nach 1650 neue Barockziegelschanzen nach Plänen italienischer Architekten erbaut. Die Burg diente erneut als Festung, und zwar bis 1911, wo diese aufgehoben wurde. 1883 wurde Vyšehrad als VI. Stadtviertel der Stadt Prag angegliedert.

Vyšehrad ist ein Denkmal allein seines Ruhms als der älteste Sitz der böhmischen Fürsten, der Libussa und der ersten Přemysliden wegen eine Sehenswürdigkeit, und zudem auch, da die wichtigen Persönlichkeiten der Nation hier begraben liegen.

Moldau und Laurenziberg von der Vyšehrad-Befestigung aus
[Praha 2, Vyšehrad]

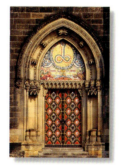
Portal der St.-Peter-und-Pauls-Kirche
[Praha 2, Vyšehrad]

Portalrelief mit dem Motiv des Jüngsten Gerichts
[Praha 2, Vyšehrad, kostel sv. Petra a Pavla]

der tschechische Löwe auf dem Tor
[Praha 2, Vyšehrad, kostel sv. Petra a Pavla]

pseudogotische Portalplastik
[Praha 2, Vyšehrad, kostel sv. Petra a Pavla]

Ctirad und Šárka von J.V. Myslbek
[Praha 2, Vyšehrad, Vyšehrad-Park]

links, zwischen den Bäumen ist der Vyšehrader Friedhof mit **Slavín**, dem gemeinsamen Grabmal der wichtigen Persönlichkeit. der tschechischen Nation. Rechts davon steht die regotisierte St.-Peter-und-Pauls-Kirche
[Praha 2, Vyšehrad]

heute neogotisches und sezessionistisches Interieur der Kapitel- und Pfarrkirche **St.-Peter-und-Paul**, gegründet bereits in der 2. Hälfte des 11. Jahrhunderts
[Praha 2, Vyšehrad]

unten - die älteste voll erhaltene romanische Rotunde Prags, die **St.-Martins-Rotunde**, wahrscheinlich aus dem 11. Jahrhundert. Oben - **Leopoldstor**, das den inneren Eingang in die Vyšehrader Festung bildet

[Praha 2, Vyšehrad, Straße V pevnosti]

auch so kann dank der Perspektive des Teleobj. die **St.-Peter-und-Pauls-Kirche** gesehen werden. Hinter der Kirche ist der Kulturpalast mit dem Hotel Forum, oder ein symbolisches Treffen von neun Jahrhunderten
[Praha 2, Vyšehrad, fotografiert von Smichov aus]

Sonstiges

Sonstiges ist ein Teil mit architektonischen Wertsachen Prags, die Sie beim Besuch anderer Stadtteile finden können. Das Kloster St. Margaretha (klášter U sv. Markéty), das Schloß Zbraslav, die Kirche St. Ludmila, das Lustschloß Troja, das Lustschloß Stern (letohrádek Hvězda), Bertramka, die Kirche Zum Herzen Jesu (kostel Srdce Ježíšova), aber auch der Hanavský-Pavillon, der Křižík-Springbrunnen (Křižíkova fontána), das Hotel Forum, der Kongreß Zentrum (Kongresové centrum) und das Business Centre sind deren Vertreter. Einige davon sind allerdings sehr bedeutsame Vertreter, wie zum Beispiel das Kloster St. Margaretha, auch Kloster Břevnov genannt, dessen heutiges Barockaussehen von 1708 bis 1745 stammt. Oder das Lustschloß Stern, an dem im Jahre 1620 die letzte Phase der bedeutenden sogenannten Schlacht am Weißen Berg stattgefunden hat. Das Lustschloß Troja ist ein ausgezeichneter Ausflugsziel, allein wegen seiner Nähe zum Prager ZOO. Nicht weniger beliebt ist Zbraslav und deren Schloß, wo sich bereits der König Václav II. gerne aufhielt.

Die Umgebung vom historischen Prag ist selbstverständlich nicht so attraktiv wie das Zentrum, ich glaube aber, daß die Besichtigung der oben angeführten wertvollen Denkmäler Sie zufrieden stellen und die Mosaik, die wir in den vorherigen sieben Teilen zusammengebaut haben, ergänzen wird.

Eingangstor des St. Margaretha Klosters
[Praha 6, Břevnov, Markétská 28]

Grabstein des Eremiten Vintíř
[Praha 6, Břevnov, klášter U sv. Markéty]

Exponat aus der Ausstellung der tschechischen Bildhauerei
[Praha 5, Zbraslav, zámek Zbraslav]

Plastik von B. Stefan über dem Portal der Kirche
[Praha 3, Vinohrady, kostel Srdce Ježíšova]

Pfarrkirche Zum Herzen Jesu
[Praha 3, Vinohrady, náměstí Jiřího z Poděbrad]

Portal der St. Ludmila Kirche
[Praha 2, Vinohrady, náměstí Míru]

das Barockkomplex des Benediktinerklosters **St. Margaretha**, des ersten Männerkl. Böhmens, das 993 unserer Zeitrechnung durch den zweiten Prager Bischof Adalbert und den Fürsten Boleslav II. gegründet wurde
[Praha 6, Břevnov, Markétská 28]

Lustschloß Troja, gebaut im Stil des barocken Klassizismus mit reichlichen Decken- und Wandgemälden. Das Lustschloß is zugänglich einschließlich der ständigen Exposition der Galerie der Hauptstadt Prag
[Praha 7, Troja, U Trojského zámku 6]

oben - **Renaissancelustschloß Hvězda** mit einem Grundriß in der Form eines sechzackigen Sterns - Autor ist der Erzherzog Ferdinand von Tirol. Unten - **Bertramka**, ein Ort, wo sich W. A. Mozart oft aufhielt
[Praha 6, Liboc, Gehege Hvězda / Praha 5, Smíchov, Mozartova 2]

oben - Königssaal des **Zbraslav-Schlosses** mit einer Exposition der tschech. Bildhauerei der Nationalgalerie. Unten - **Hanavský-Pavillon** mit Gußeisengerüst, das 1898 hierher gebracht und neu installiert wurde
[Praha 5. Zbraslav. Praha 7. Letná, Letenské sady]

oben - **Křižík-Springbrunnen** des Prager Ausstellungsgeländes, abgestimmt mit musikalischer Begleitung. Unten - Gebäude des **Hotels Forum** und des **Kongreß Zentrum** auf dem Pankrác-Berg
[Praha 7, Holešovice, U výstaviště Straße / Praha 4, Pankrác, Kongresová 1 bzw. 5. května 65]

oben - Komplex ultramoderner Gebäude des **Bussines Zentrum** hinter dem Hotel Hilton-Atrium. Unten - das 1992 - 96 auf Kosten der Versicherung Nationale Nederlanden erbaute postmoderne **Tanzdende Haus**
[Praha 8, Karlín, Pobřežní 3 / Praha 2, Nové Město, Rašínovo nábřeží 80]